Englische Originalausgabe
Parragon Books Ltd
Chartist House
15–17 Trim Street
Bath BA1 1HA, UK

PAW Patrol: Helfer auf vier Pfoten – Neue Abenteuer mit den Fellfreunden
Deutschsprachige Ausgabe 2020 durch die Panini Verlags GmbH,
Schloßstraße 76, 70176 Stuttgart
Verlagsleitung: Gabriele El Hag
Chefredaktion: Nicole Hoffart
Redaktion: Eva-Regine Rauch
Übersetzung: Claudia Weber
Lektorat: Ray Bookmiller
Grafik: tab indivisuell, Stuttgart
Druck: CPM Centro Poligrafico Milano S.p.A., Mailand, Italien
ISBN 978-3-8332-3875-8

www.paninishop.de

Die Deutsche Nationalbibliothek verzeichnet diese Publikation in der
Deutschen Nationalbibliografie; detaillierte bibliografische Daten sind
im Internet über http://dnb.d-nb.de abrufbar.

Inhalt

Coole Rettungsaktion am Südpol

Es war ein sonniger Tag in der Abenteuerbucht. Auf die PAW Patrol wartete ein besonderer Auftrag. Jake und Everest wollten am Südpol Pinguine zählen – und dazu brauchten sie die Hilfe der Fellfreunde. Die Rettungshunde konnten es kaum erwarten und hatten bereits alles gepackt, was sie für ihren Einsatz brauchten.

„Danke, Skye, dass du mir geholfen hast", sagte Rubble. „Ohne warme Sachen hättest du ganz schön gefroren", grinste Skye.

Da kam Katie mit ihrer Katze Katzi vorbei. „Hallo, Ryder", sagte Katie. „Ich finde es echt toll, dass ihr Jake und Everest bei der Pinguin-zählung helft."

„Du kennst ja unser Motto", antwortete Ryder. „Kein Einsatz zu groß – keine Pfote zu klein."

Während Katie und Ryder sprachen, entdeckte Katzi Rockys Katapult. Neugierig sprang sie auf das seltsame Gefährt, um es näher zu betrachten.

„Miauuuuu!!!"

Dabei trat Katzi auf den Auslöser, und schon im nächsten Augenblick wurde das graue Kätzchen – *hui!* – nach oben geschleudert. „Miauuuuu!", schrie Katzi erschrocken, während sie in hohem Bogen durch die Luft flog.

Kurz darauf landete Katzi –
rummms! – in der Schaufel von
Rubbles Bagger. *Klingelingeling*
machte das Glöckchen an ihrem
Halsband.

Doch Rubble hörte nichts. Er war so mit dem Verladen des Gepäcks
beschäftigt, dass er die Katze gar nicht bemerkte.

Katzi schaute sich überrascht um.

In diesem Moment kippte Rubble die Schaufel seines gelben Baggers
nach vorne. Nun sah Katzi, dass sie an der Einsatzzentrale der PAW
Patrol angekommen war. Dort stapelte sich ein ganzer Berg von Koffern,
die die Fellfreunde für ihren Einsatz am Südpol gepackt hatten. Und
noch bevor Katzi davonspringen konnte, brachte Rubble sie mitsamt
den Koffern zum PAW Patroller.

„Fertig zum Beladen des PAW Patrollers", meldete Rubble.

„Super", antwortete Ryder und öffnete die Tür zum Laderaum. „Dann können wir in ein paar Minuten losfahren."

„Jippie!", riefen die Fellfreunde und sprangen an Bord des PAW Patrollers. „Es geht los! Südpol, wir kommen!"

„Jake und Everest warten bestimmt schon ungeduldig auf uns", meinte Ryder.

Aber weder er noch die Rettungshunde bemerkten, dass Katzi zusammen mit den Koffern im Laderaum des PAW Patrollers verstaut wurde. Und Katzi war so überrascht, dass sie nicht ein-mal ein klägliches Maunzen von sich geben konnte.

Während der PAW Patroller sich durch den eisigen Schnee des Südpols kämpfte, zogen die Fellfreunde ihre warmen Wintersachen an. Rocky setzte eine grüne Pudelmütze auf, damit seine Ohren nicht kalt wurden. Rubble streifte seinen warm gefütterten Schutzhelm über, Zuma eine blaue Wollmütze und Skye eine rosa gestreifte Mütze mit passendem Schal. Als der PAW Patroller schließlich sein Ziel erreichte, stürmten alle ins Freie und rannten freudig bellend auf Jake zu.

„Willkommen am Südpol!", rief Jake und winkte seinen Freunden zur Begrüßung mit dem Pinguinzählgerät zu. „Gut, dass ihr da seid! Die Pinguine sind außer Rand und Band."

„Hallo, Pinguine!", riefen die Rettungshunde.

Die Pinguine watschelten aufgeregt umher, und die Fellfreunde rutschten mit ihnen – *huiii!* – über den Schnee und – *wuuusch!* – über das spiegelglatte Eis.

Im Innern des PAW Patrollers vernahm Katzi den Tumult und streckte neugierig den Kopf aus dem Einsatzwagen. Da entdeckte sie eine Möwe, die auf Everests Schneemobil saß und sich in der Sonne wärmte. Lautlos pirschte sich Katzi an den Vogel heran.

Dann setzte sie zum Sprung an und landete – *klack!* – ausgerechnet auf dem Knopf, der das Schneemobil in Gang setzte.

„Miau!", jammerte Katzi, als das Gefährt lostuckerte und die Möwe lachend davonflatterte.

„Seit wann fährt mein Schneemobil denn von alleine los?", wunderte sich Everest. „Ich glaube, da sitzt eine graue Katze am Steuer", meinte Ryder und zog sein PAW Pad aus der Tasche, um Katie anzurufen.

„Hallo, Katie", sagte er. „Vermisst du zufällig Katzi?"

„Ja, genau, ich kann sie nirgends finden", antwortete Katie. „Woher weißt du das?"

„Weil ich sie gefunden habe", verkündete Ryder. „Sie ist anscheinend unbemerkt mit uns zum Südpol gefahren."

„Oh nein!", rief Katie besorgt.

„Keine Angst!", sagte Ryder. „Wir bringen Katzi heil zurück."

„Und mein Schneemobil auch", fügte Everest hinzu.

„Natürlich, Everest, dein Schneemobil holen wir ebenfalls zurück",
sagte Ryder, bevor er sich von
Katie verabschiedete. „Bis später,
Katie. Wir machen uns jetzt an
die Arbeit."

„Ich weiß – kein Einsatz zu groß, keine Pfote zu klein", antwortete Katie
und wünschte Ryder und seinem Rettungsteam viel Glück.
Sofort rief Ryder die Rettungshunde zusammen: „PAW Patrol – alle Hunde
zum PAW Patroller!"
„Verstanden", erwiderte Zuma. Dann erklärte er dem Schneemann, den
er gerade baute: „Ryder braucht uns!"

„Wir sind schon unterwegs", sagte
Marshall und verabschiedete sich
von den Pinguinen, mit denen er
wild übers Eis geschlittert war.

Kurz darauf saßen alle Rettungshunde im PAW Patroller.

„Die Helfer auf vier Pfoten sind bereit, Ryder", meldete Chase.

„Super", sagte Ryder und erklärte den Rettungshunden, was geschehen war. „Katzi ist bei uns im PAW Patroller mitgefahren, ohne dass wir es gemerkt haben. Und jetzt ist sie mit dem Schneemobil von Everest unterwegs. Es ist außer Kontrolle, und Katzi muss so schnell wie möglich gerettet werden."

Dann beschrieb Ryder den Hunden, wie er die Rettungsaktion geplant hatte. „Skye, könntest du Katzi mit deinem
Hubschrauber verfolgen?", fragte er.

„Klar", antwortete Skye. „Ich bin der Flughund!"

„Chase, du nimmst Everest in deinem Polizeiauto mit und
fährst hinter dem Schneemobil her", fuhr Ryder fort.

„Das ist ein Fall für Chase!", rief der Schäferhundwelpe.

„Und ich werde Katzi vom Schneemobil holen, damit
Everest es übernehmen kann", sagte Ryder und gab das
Einsatzkommando.

„Wuff, wuff!", bellten die Fellfreunde begeistert und
brausten hinter dem Schneemobil her.

**„Die Helfer auf vier
Pfoten legen los!"**

Unterdessen versuchte Katzi, das
Schneemobil unter ihre Kontrolle
zu bringen. Verzweifelt drückte
sie auf die unterschiedlichen
Knöpfe – doch dadurch wurde
die Situation nur noch brenzliger.
„Arme Katzi", seufzte Skye,
die alles vom Hubschrauber aus
beobachtete.

„Jippppie!"

Katzi drückte bereits den nächsten Knopf, und – *wuuusch!* – schnellte
ein Schlitten an einer langen Leine aus der Heckklappe und schlingerte –
dong, dong, dong! – auf der buckeligen Piste dem Schneemobil hinterher.
Die Pinguine sprangen begeistert auf den Schlitten und genossen die
abenteuerliche Fahrt.

Doch das Schneemobil wurde schneller und schneller.
Es raste wie wild über Schnee und Eis – bis es plötzlich
einen Eisberg hinauffuhr und abhob.
„Uiuiui!", riefen die Pinguine und hielten sich am Schlitten
fest, während das Schneemobil durch die Luft flog.

Im nächsten Moment wurde Katzi
aus dem Fahrersitz geschleudert und
wirbelte in hohem Bogen Richtung
Meer. „Miau!", schrie sie verzweifelt.
Aber das kleine Kätzchen hatte
Glück im Unglück und landete auf
einer Eisscholle, die im Wasser trieb.

Skye, die mit ihrem Hubschrauber die ganze Zeit über der Unglücksstelle kreiste, rief Ryder an und berichtete ihm, was passiert war.

„Katzi wurde vom Schneemobil geworfen und ist auf einer Eisscholle gelandet", erklärte Skye. „Sie treibt jetzt aufs offene Meer hinaus, und das Schneemobil fährt alleine weiter!"

„Verstanden!", antwortete Ryder und schwang sich auf sein Quad. „Dann weiß ich, was zu tun ist. Skye, du beobachtest das Schneemobil und hältst mich auf dem Laufenden!"

„Alles klar, Ryder", rief Skye. „Du kannst dich auf mich verlassen."

„Wir dürfen keine Zeit verlieren", murmelte Ryder.
„Soweit ich weiß, kann Katzi nicht schwimmen!"
Sofort alarmierte er die anderen Rettungshunde und
erklärte ihnen über das PAW Pad, was passiert war.
„Chase und Everest, ihr holt das Schneemobil zurück!",
sagte er.
„Geht klar, Ryder!", antworteten die beiden Rettungshunde.
„Zuma, du suchst Katzi. Sie sitzt auf einer Eisscholle
fest", fuhr Ryder fort.
„Ich leg sofort los, Ryder!", antwortete Zuma. Dann
startete er sein Luftkissenfahrzeug und machte sich
auf den Weg Richtung Meer.

Zur gleichen Zeit gab Chase in
seinem Einsatzwagen Vollgas.
Neben ihm saß Everest und
hielt nach dem Schneemobil
Ausschau.
„Zum Glück hat Skye den Über-
blick", sagte Chase. „Sonst wüsste
ich nicht, wohin ich fahren muss."

„Ihr seid auf dem richtigen Weg, Chase", meldete Skye. „Jetzt müsstet
ihr das Schneemobil eigentlich sehen können."
„Ja, dort ist es!", rief Everest und zeigte aufgeregt auf das Gefährt in der
Ferne. „Gleich haben wir es eingeholt, Chase. Wenn du ein bisschen
näher ranfährst, kann ich hinüberspringen."
„Alles klar", meinte Chase und steuerte auf das Schneemobil zu. Als er
nah genug war, sprang Everest los und landete genau auf dem leeren
Fahrersitz.
„Super Sprung!", lobte Chase.

Zum Glück war Zuma auf Rettungsaktionen im Wasser spezialisiert. Mit seinem Luftkissenfahrzeug konnte er nicht nur über Schnee und Eis düsen, sondern auch über die Wasseroberfläche – wenn's sein musste, konnte er sogar tauchen.

So ein spannendes Fahrzeug gab es am Südpol nicht allzu oft zu sehen. Darum hüpfte ein neugieriger Pinguin – *schwupps!* – an Bord.

„Na, so was, wo kommst du denn auf einmal her?", wunderte sich Zuma. „Halt dich gut fest, okay?"

Dann bretterten die beiden in wilder Fahrt über das Eis, bis sie Ryder eingeholt hatten.

„Gut, dass du da bist, Zuma", rief Ryder. Er verwandelte per Knopfdruck sein Quad in einen Jetski und sprang damit ins Wasser.

„Fahr einfach hinter mir her!"

Kurz darauf erreichte das Rettungsteam die verängstigte Katze.
Sie trieb auf einer kleinen Eisscholle, weit weg vom Ufer, und
maunzte erbärmlich.
„Nun brauchst du keine Angst mehr zu haben, Katzi", sagte
Ryder. „Wir bringen dich nach Hause zu Katie."
Ryder streckte Katzi seine Hand entgegen. „Na komm, Katzi,
spring!", rief er.
Aber die Katze bewegte sich keinen Millimeter.
„Sie traut sich nicht", meinte Zuma.
„Ich kann leider nicht näher an sie heranfahren", sagte Ryder.
„Sonst schaukelt die Eisscholle so stark, dass Katzi ins Wasser
rutscht."

Doch dann hatte Ryder eine Idee.
„Kannst du Katzi den Rettungsring
zuwerfen?", fragte er Zuma.
„Klar", meinte Zuma und ärgerte
sich ein bisschen, dass er nicht
selbst darauf gekommen war.

Er holte den Rettungsring hervor und warf ihn so geschickt,
dass er direkt über Katzi auf der Eisscholle landete.
„Ich hab sie!", rief Zuma.
„Gut gemacht, Zuma!", lobte ihn Ryder.
„Halt dich gut fest, Katzi!", sagte Zuma. „Wir bringen dich
jetzt an Land!" Vorsichtig steuerte er sein Luftkissenboot
mit Katzi im Schlepptau Richtung Ufer.

Wenig später kamen Ryder und Zuma mit Katzi bei Jake an.

„Oh, da seid ihr ja", freute sich Jake. „Habt ihr Everests Schneemobil gefunden?"

„Ja! Skye, Chase und Everest müssten jeden Moment damit kommen", antwortete Ryder. „Und wie ist es hier bei euch gelaufen?"

„Super", sagte Jake. „Marshall, Rocky und Rubble haben mir geholfen, und wir haben es tatsächlich geschafft. Gerade haben wir den letzten Pinguin gezählt."

„Nicht ganz", meinte Zuma und zeigte auf den Pinguin in seinem Fahrzeug. „Einer kommt noch dazu, Jake. Er war mit uns unterwegs."

In diesem Moment trafen auch Everest, Chase und Skye ein. „Jetzt sind wir wieder vollzählig", freute sich Ryder und bedankte sich bei seinen Fellfreunden für die gute Arbeit. „Ihr wart wieder mal spitze – bei den Rettungsaktionen und beim Pinguinzählen!"

Katzi, die sich so langsam von dem Schreck erholte, krabbelte aus dem Rettungsring und lächelte ihren Rettern dankbar zu.

„Sag mal, Jake", meinte Ryder und zeigte auf Katzi. „Zählst du eigentlich auch wilde Schneekatzen? Dann kannst du hier gleich weitermachen." Jake grinste, und die Hunde von der PAW Patrol bellten übermütig.

Dann rief Ryder Katie an. „Rate mal, wer froh ist, wieder nach Hause zu kommen?", scherzte er und hielt das PAW Pad so, dass Katie ihre Katze sehen konnte.

„Mein Katzischatz! Du bist in Sicherheit!", rief Katie, und ihre Stimme überschlug sich fast vor Freude. „Danke, Ryder! Danke, PAW Patrol!"

„Kein Problem, das ist schließlich unser Job", antwortete Ryder.

„Was haltet ihr davon, wenn wir uns ein bisschen aufwärmen und etwas essen?", fragte Jake. „Vom Pinguine Zählen, Schneemobile Einfangen und Katzen von Eisschollen Retten bekommt man nämlich einen Riesenhunger!"

Alle jubelten, setzten sich um Jakes Lagerfeuer und aßen geröstete Marshmallows, bis es langsam dunkel wurde.

Die PAW Patrol hat hitzefrei

In der Abenteuerbucht war es so heiß, dass es sogar für die Rettungshunde von der PAW Patrol beinahe unerträglich war.

„Was für eine Hundehitze", jammerte Rubble und ließ erschöpft die Zunge aus dem Maul hängen.

„Ich brauch dringend 'ne Abkühlung!", stöhnte Rocky.

Das brachte Rubble auf eine Idee. „Heute macht doch das Schwimmbad auf. Im kühlen Wasser hält man die Hitze am besten aus."

„Ich weiß nicht", antwortete Rocky zögerlich. Er hatte nämlich Angst vor Wasser.

„Ach, komm schon", bettelte Rubble. „Lass uns hingehen!"

„Na gut", murmelte Rocky. „Solange ich nicht nass werde …"

Auf dem Weg zum Schwimmbad überlegte Rubble, was er dort alles machen wollte. „Zuerst tauche ich gaaanz langsam ins kühle Nass ein. Dann sause ich über die Riesenrutsche, und zum Schluss lass ich mich vom Beckenrand ins Wasser plumpsen", zählte er auf.

Als die beiden Welpen am Schwimmbad ankamen, sahen sie verwundert, dass das Becken leer war.

„Ohne Wasser können wir ja nicht mal planschen!", stellte Rubble enttäuscht fest.

„Warum ist denn kein Wasser im Becken?", fragte Rocky.

„Keine Ahnung. Aber das kriegen wir raus", meinte Rubble. „Das ist eine Aufgabe für die Helfer auf vier Pfoten!"

Zur gleichen Zeit packten Skye und Marshall in der Einsatzzentrale ihre Badesachen.

„Marshall, kommst du?", fragte Skye und blickte über den Rand ihrer rosaroten Sommerblumen-sonnenbrille. „Heute ist Schwimmbadtag – und die PAW Patrol hat hitzefrei! Ich freu mich schon so! Den ganzen Tag faul im Schatten liegen, zwischen-durch mal ins Wasser eintauchen und abkühlen ... Da fühlt sich ein Cockapoo wie ich pudelwohl! Außerdem kann ich nun endlich mal meine neue Badekappe ausprobieren. Ähm, wo hab ich die eigentlich hingelegt?"

„Die hast du bestimmt als Allererstes eingepackt", vermutete Marshall. „Ich bin auch gleich fertig. Ich brauch nur noch mein Handtuch, meine Sonnenbrille, die Sonnenmilch, meinen Hut, den Schwimmring, eine Flasche Wasser – und natürlich meinen Superhund-Apollo-Comic."

„Wir haben nur einen einzigen Tag hitzefrei", scherzte Skye. „Nicht die ganze Woche ..."

„Ich weiß", antwortete Marshall. „Aber heute wird ein richtig entspannter Tag. Und ich will auf gar keinen Fall etwas vergessen, was ich später zum Faulenzen brauche."

Während Marshall seine Sachen zusammenpackte, liefen Rocky und Rubble durch die Straßen und suchten nach Ryder. Vor dem Haus des kleinen Alex spürten sie ihn schließlich auf.

„Hallo, Ryder", rief Rocky und schnappte nach Luft.

„Endlich haben wir dich gefunden!", keuchte Rubble.

„Hallo, Fellfreunde!", antwortete Ryder. „Was ist denn mit euch los? Ihr seid ja ganz außer Atem!"

„Wir haben ein Problem", schnaufte Rubble. „Wir wollten ins Schwimmbad, um uns abzukühlen ..."

„Aber im Schwimmbecken ist kein Wasser", ergänzte Rocky.

„Es gibt kein Wasser im Schwimmbad?", wiederholte Alex ungläubig. „Was machen wir denn jetzt? Ich wollte auch baden gehen."

Ryder versuchte, Alex zu beruhigen. „Keine Sorge", sagte er. „Die PAW Patrol macht das schon. Kein Einsatz zu groß, keine Pfote zu klein!"
Dann zog Ryder sein PAW Pad hervor und rief alle Rettungshunde zur Zentrale.

„Der Schwimmbadtag muss wohl noch ein wenig warten", sagte Skye. „Ryder braucht uns!"

„Ausgerechnet jetzt", murrte Chase. Er hatte Skyes Bademütze im Gras gefunden und betrachtete im Spiegel, wie er damit aussah.

„Wir kommen so schnell wie möglich, Ryder!", antwortete Marshall.

„Na gut", brummte Chase, steckte die rosa Badekappe mit den weißen Blümchen in die Tasche und zog seine blaue Polizeimütze auf.

Kurz darauf waren alle Rettungshunde in der Zentrale versammelt.

„Die Helfer auf vier Pfoten sind bereit für den Einsatz!", meldete Chase.

„Danke, dass ihr so schnell gekommen seid – obwohl ihr hitzefrei habt",
sagte Ryder. „Aber wir haben einen Notfall. Es ist kein Wasser im
Schwimmbecken."

„Ausgerechnet heute", meinte Rubble. „Wo wir uns alle sooo auf den
Tag im Schwimmbad gefreut haben!"

„Das Wasser kommt vom
Wasserturm", erklärte Ryder.
„Aus irgendeinem Grund
kommt es nicht im Schwimmbecken an. Nun müssen
wir herausfinden, warum.
Und wenn etwas kaputt ist,
müssen wir es reparieren."

Ryder zeigte auf den großen Bildschirm in der Einsatzzentrale und erklärte den Rettungshunden, was zu tun war. „Marshall, du siehst dir von deiner Leiter aus den Wasserturm an", sagte er.

„Wuff, Marshall macht's!", antwortete der Dalmatiner.

„Rubble, du kommst mit deinem Bagger und deiner Schaufel, falls wir die Wasserrohre ausgraben müssen. Vielleicht sind sie ja verstopft", fuhr Ryder fort.

„Rubble ist der Retter!", erwiderte der Bulldoggenwelpe.

„Alle anderen warten am besten am Schwimmbecken", sagte Ryder abschließend. „Es ist bestimmt gleich wieder voll."

„Okay, wuff!", antworteten Zuma, Chase, Rocky und Skye. „Bis später!"

„Alles klar!", sagte Ryder, als er mit Marshall und Rubble am Wasserturm ankam. „Die Helfer auf vier Pfoten legen jetzt los!"

Ryder untersuchte als Erstes die Platten, auf denen der Wasserturm stand. „Aha, ich sehe schon, wo das Problem liegt", stellte er fest. „Eine der Eckplatten ist verrutscht. Nun steht der Turm schief, und das Rohr hat einen Knick bekommen. Darum läuft kein Wasser mehr durch."

„Und was machen wir jetzt?", wollte Marshall wissen.

„Na ja", meinte Ryder. „Wir können das Rohr erst reparieren, wenn der Turm wieder gerade steht."

„Das wird bestimmt nicht einfach", seufzte Rubble.

„Kein Einsatz zu groß, keine Pfote zu klein", ermunterte ihn Ryder. „Aber wir brauchen ein paar Pfoten mehr, als ich dachte."

Ryder zog das PAW Pad aus der Tasche und rief Chase und Rocky an. „Es gibt eine Planänderung", sagte er. „Das Rohr muss repariert werden. Dazu brauchen wir dich und deine Seilwinde, Chase, und dich, Rocky, mit deinem Gabelstapler!"

„Kein Problem, Ryder", antwortete Chase. „Wir sind schon unterwegs!"

„Sag mal, Chase, du willst doch nicht etwa mit Skyes Bademütze gehen, oder?", grinste Rocky.

„Was?", antwortete Chase und wurde so rosarot wie Skyes Badekappe.

„Ähm, … nein, natürlich nicht", sagte er, nahm das rosarote Ding mit den Blümchen vom Kopf und zog schnell wieder seine blaue Polizeimütze auf.

Nur wenig später trafen Rocky und Chase mit ihren Einsatzfahrzeugen am Wasserturm ein.

„Der Turm steht wirklich ganz schön schief", stellte Rocky fest.

„Wenn wir nichts machen, könnte er sogar umfallen", vermutete Chase.

„Also, PAW Patrol, jeder von euch hat eine wichtige Aufgabe", sagte Ryder. „Chase, du kannst schon mal deine Winde mit Haken vorbereiten."

„Ja, alles klar, Ryder", antwortete Chase.

„Marshall, du kletterst nach oben und befestigst den Haken der Seilwinde am Geländer", fuhr Ryder fort. Der Dalmatiner fuhr seine Feuerwehrleiter aus und kletterte los. „Der Haken ist fest. Ihr könnt anfangen", meldete er.

„Schaufel los!"

„Okay, jetzt bist du dran, Rubble",
sagte Ryder. „Du holst Sand und
schüttest ihn erst mal auf einen
Haufen neben den Wasserturm.
Später schiebst du den Sand dann
unter die Bodenplatte, damit der
Turm wieder gerade steht."

„Du kannst dich auf mich verlassen, Ryder", rief Rubble. Er wendete
sein gelbes Einsatzfahrzeug und holte eine Ladung Sand.
„Ich fürchte, das reicht noch nicht", meinte Ryder.
„Kein Problem, Rubble macht's", erwiderte der Bulldoggenwelpe. Er liebte
es, im Dreck zu wühlen. Und so holte er noch ein paar weitere Ladungen –
bis der Sandhaufen neben dem Wasserturm groß genug war.

„Danke, Rubble", sagte Ryder. „Rocky, du kannst jetzt deinen Gabelstapler bereit machen."

„Was soll ich tun?", fragte der graue Mischlingswelpe.

„Auf mein Kommando hebst du die Platte etwas an, damit Rubble den Sand darunterschieben kann", erklärte Ryder.

„Okay, mach ich", antwortete Rocky und brachte sich in seinem grünen Einsatzfahrzeug neben der Bodenplatte in Stellung.

„Rocky rockt!"

Unterdessen warteten die Kinder
im Schwimmbad ungeduldig
darauf, dass sich das Becken mit
Wasser füllte.
„Puuh, es ist wirklich ganz schön
heiß heute", stöhnte Katie.

„Ja, hoffentlich dauert es nicht mehr so lange", stimmte Alex ihr
zu. „Mein Schwimmringdino will endlich ins Wasser!"
„Ich glaube, ich hab 'ne Idee, wie wir die Kinder abkühlen können,
solange sie warten", sagte Skye und verschwand.
Kurz darauf hörte man ein lautes Knattern und ihr Hubschrauber
erschien am Himmel.

„Seht mal! Da kommt Skye", rief Zuma begeistert. „Mit einem Sack voll Schnee – zur Abkühlung!"

„Cool!", freute sich Alex und stimmte in den Jubel der anderen Kinder ein. Skye lenkte ihren Hubschrauber zum Schwimmbad und öffnete den Sack. Der Schnee fiel hinunter und landete – *uuups!* – direkt auf Zuma.

„Hihihi", kicherten die Kinder. „Jetzt sieht Zuma aus wie ein Schneemann!"

„Na, so was!", lachte der braune Labrador. „Erst war mir zu warm, und jetzt ist mir fast zu kalt."

„Das können wir ändern", meinte Katie. „Wenn jeder von uns dir eine Handvoll Schnee abnimmt, frierst du nicht mehr und wir bekommen unsere Abkühlung."

„Gute Idee", sagte Zuma, und die Kinder freuten sich.

Inzwischen gingen am Wasserturm die Reparaturarbeiten in die entscheidende Runde.

„Also, Fellfreunde, legen wir los!", verkündete Ryder. „Chase! Wirf den Motor deiner Seilwinde an!"

„Mach ich", antwortete der Schäferhund und zog den Wasserturm mit der Seilwinde ein kleines Stück nach oben.

„Sehr gut", lobte Ryder. „Jetzt kannst du die Platte anheben, Rocky."

„Alles klar", antwortete Rocky.

„Rubble, nun bist du dran", sagte Ryder.

„Achtung, Fellfreunde, hier kommt der Sand!", rief Rubble. Dann fuhr er zur Ecke des Wasserturms und kippte den Sand aus seiner Baggerschaufel.

„Gut gemacht, Rubble", freute sich Rocky. „Ich lege jetzt die Platte an ihre ursprüngliche Stelle."

„Aber sei vorsichtig", mahnte Ryder. Rocky hob die Betonplatte mit dem Gabelstapler und legte sie an die Stelle, die Rubble mit Sand aufgefüllt hatte.

Schließlich ließ Chase den Wasserturm Zentimeter für Zentimeter nach unten sinken – bis er wieder auf der Bodenplatte stand.

„Perfekt!", rief Ryder zufrieden. „Der Wasserturm steht kerzengerade! Jetzt müssen wir nur noch das Rohr reparieren, dann läuft wieder Wasser in das Schwimmbecken."

Schnell durchstöberte Rocky sein Recyclingmaterial. „Mal sehen, was ich dabeihabe", sagte er und wurde schon nach kurzer Zeit fündig. „Na bitte, hier ist ein Stück Rohr!"

„Von der Größe her könnte es passen", meinte Ryder. „Ich stell das Wasser ab, damit du das Ersatzteil einsetzen kannst."

„Ja, und bitte beeil dich ein bisschen, Rocky", quengelte Rubble. „Ich will nämlich endlich ins kalte Wasser springen."

„Aber pass auf, dass du mich nicht nass spritzt", erinnerte ihn Rocky. „Ja, ja", maulte Rubble. Er konnte gar nicht verstehen, dass ein Hund Angst vor Wasser hatte. „So, das wäre geschafft", sagte Rocky, nachdem er das geknickte Rohrstück ersetzt hatte.

„Gleich kommt der große Moment", sagte Ryder.
„Dann drehe ich den Haupthahn auf, und wir sehen,
ob das Wasser wieder läuft. Vorher muss ich allerdings noch Skye informieren." Er aktivierte sein
Headset und sagte: „Hallo, Skye! Ich drehe gleich
den Wasserhahn auf. Das Becken müsste sich dann
langsam wieder füllen."

„Alles klar, Ryder. Ich stehe am Beckenrand und
gebe dir Bescheid, wenn sich etwas tut", antwortete
Skye. Anschließend rief sie Zuma und den Kindern
zu: „Macht euch schon mal fertig! Ryder und die
Fellfreunde haben das Wasserrohr repariert. Das
Wasser kann nun jeden Moment ins Becken fließen!"

Es dauerte nicht lange, dann fing es im Schwimmbad an zu gurgeln und zu plätschern.

„Ihr habt es geschafft, Ryder!", meldete Skye. „Das Wasser läuft, und das Schwimmbecken beginnt sich zu füllen!"

„Super", antwortete Ryder. „Wir kommen so schnell wie möglich. Rubble kann es kaum erwarten, ins Wasser zu springen!"

„Die Kinder freuen sich auch", sagte Skye.

„Juhuu, das Becken läuft voll!", jubelte Alex. „Ab ins Wasser!"

„Wartet!", warnte Zuma. „Es muss erst voll sein, bevor ihr hinein-springen könnt."

Alle warteten nun voller Ungeduld, bis das Becken sich gefüllt hatte.

„Jetzt kann es losgehen!", rief Zuma schließlich.

„Danke, dass ihr das Schwimmbad repariert habt", sagte Alex, als Ryder und seine Fellfreunde zum Schwimmbad kamen.

„Das haben wir gern gemacht", antwortete Ryder. „Du weißt doch: Hilfe holen ist ganz leicht – PAW Patrol, ein Anruf reicht!"

Dann ließen sich alle Hunde voller Freude ins Wasser fallen – außer Rocky. Der stand am Beckenrand und sah aus wie ein begossener Pudel.

„So habe ich mir meinen hitzefreien Tag nicht vorgestellt", murmelte er. Aber insgeheim war Rocky doch froh über die kleine Abkühlung ...

Die Fellfreunde heben ab

Es war ein wunderschöner Tag in der Abenteuerbucht – genau das richtige Wetter für den großen Festumzug. Die Rettungshunde von der PAW Patrol wollten ebenfalls mitmachen und verwandelten ihre Einsatzfahrzeuge in bunte Festwagen.

Chase war als Erster mit seinem Wagen fertig. Nun wollte er wissen, wie weit die anderen waren.
„Yo-ho-ho! Nimm dich in Acht vor Pirat Zuma!", rief der braune Labrador Chase grinsend zu. Er hatte sein Luftkissenboot zu einem coolen Piratenschiff umgebaut. Als Nächstes führte Rocky seinen rockigen Recyclingwagen vor und verkündete stolz: „Rocky rockt auf der Parade!"

„Und was habt ihr beiden vor?", fragte Chase, der sich nicht erklären konnte, was Ryder gerade mit Skyes Hubschrauber machte.

„Wir befestigen mehrere Farbpatronen an Skyes Hubschrauber", erklärte Ryder. „Mit denen malt sie später eine Überraschung an den Himmel."

„Werdet ihr denn rechtzeitig fertig?", hakte Chase nach. Als Polizeihund achtete er genau darauf, dass das Ganze seine Ordnung hatte.

„Keine Sorge, Chase, wir müssen nur noch alles zusammenbauen", meinte Ryder.

„Dann bin ich wieder ein Flughund!", lachte Skye.

Auch Katie hatte sich etwas ganz Besonderes für die
Parade ausgedacht: eine fahrende Badewanne mit
rosa Ballons, die aussahen wie ein fröhlich blubberndes
Schaumbad. Katzi und Hennrietta, das Huhn von Bürger-
meisterin Gutherz, trugen lustige Badehauben und saßen
stolz auf dem Rand der Wanne.
Alex hatte geholfen die Ballons mit Gas zu füllen.
„Danke, Alex", sagte Katie. „Ohne deine Hilfe wäre ich nie
fertig geworden."
„Das hab ich gern gemacht", antwortete Alex und be-
festigte zwei weitere Bündel Ballons an Katies fahrender
Wanne. „Ich mag Ballons, am liebsten ganz viele ..."
Katie nickte zufrieden.

„Uuuuups – ich glaube, das waren ein paar Luftballons zu viel", meinte Alex plötzlich.

Denn in diesem Moment hob die Badewanne vom Boden ab und stieg in die Höhe wie ein Heißluftballon.

„Oh nein! Meine fahrende Badewanne schwebt davon!", rief Katie und rannte dem fliegenden Gefährt hinterher. Aber es gelang ihr nicht mehr, die Badewanne festzuhalten.

„Tut mir leid", murmelte Alex. „Wenn ich doch nur ein paar Ballons losmachen könnte ..."

Das Gas trieb die Ballons in die Höhe, und so schwebte die Badewanne wie eine rosarote Wolke am Himmel – bis sie schließlich am Limonadenstand hängen blieb.

„Wie sollen wir sie da nur wieder runterbekommen?", jammerte Katie.
„Katzi und Hennrietta sind auch noch an Bord!"

„Was ist mit Hennrietta?", fragte Bürgermeisterin Gutherz.

„Sie hängt am Strohhalm des Limonadenstands fest", erklärte ihr Katie.
Die Bürgermeisterin blickte nach oben. Da entdeckte auch sie die
schwebende Badewanne. „Oh nein! Mein allerallerliebstes Lieblings-
hühnchen!", rief sie erschrocken. „Hennrietta! Komm zurück!"

„Was sollen wir denn nur tun?",
fragte Katie verzweifelt.

„Ich weiß es", rief Alex. „Wir rufen
die Helfer auf vier Pfoten!"

„Gute Idee", meinte die Bürgermeisterin, zog ihr Handy hervor
und rief Ryder an.

„Hallo, schönen Abenteuerbuchttag, Frau Bürgermeisterin!", sagte Ryder.

„Bis jetzt ist der Tag leider gar nicht so schön", meinte Bürgermeisterin Gutherz. „Wir brauchen eure Hilfe!"

„Was ist denn los?", wollte Ryder wissen.

„Katies Badewanne ist davongeschwebt", berichtete die Bürgermeisterin aufgeregt. „Mit meiner geliebten Hennrietta an Bord!"

„Und meiner Katze", ergänzte Katie.

„Sie hängen am Strohhalm des Limonadenstands fest. Dabei trinkt Hennrietta doch gar keine Limonade", jammerte die Bürgermeisterin. „Bitte, Ryder, ihr müsst sie da runterholen."

„Kein Problem", antwortete Ryder. „Kein Einsatz zu groß, keine Pfote zu klein."

Er legte auf und rief sofort die Rettungshunde der PAW Patrol zur Zentrale.

„Ryder braucht uns!", riefen die Rettungshunde und trafen kurz darauf in der Einsatzzentrale ein.

„Danke, dass ihr sofort gekommen seid, Fellfreunde", sagte Ryder.

„Katies Festwagen ist einfach davongeschwebt – und zwar mit Katzi und Hennrietta.

Jetzt hängen sie am Strohhalm des Limonadenstands fest. Wir müssen die Tiere retten und die Wanne für die Parade wieder herunterholen. Marshall, du flitzt gleich zum Limonadenstand. Dort fährst du deine Leiter aus und holst Katzi und Hennrietta sicher auf den Boden zurück."

„Marshall macht's!", antwortete der Dalmatiner.

„Chase, du sorgst für Ordnung und sperrst die Landefläche ab", fuhr Ryder fort.

„Das ist ein Fall für Chase!", erwiderte der Schäferhund.

„Die Helfer auf vier Pfoten legen los!", rief Ryder, als er kurze Zeit später mit seinem Quad an der Unglücksstelle ankam.

Chase hatte sein Einsatzfahrzeug mit jeder Menge orange-gelber Verkehrs-hütchen beladen. Vor dem Limonadenstand packte er sein Megafon aus und stellte die Verkehrshütchen auf, damit da, wo die Wanne landen sollte, keine Leute mehr standen.

„Alle mal herhören", rief er durchs Megafon. „Wir brauchen eure Unterstützung! Bitte haltet die abgesperrte Fläche frei. Dort soll Katies schwebende Badewanne nämlich gleich landen."

„Machen wir, Chase", sagte Bürgermeisterin Gutherz.

„Ihr seid wirklich die Besten!", lobten die anderen Leute und beobachteten gespannt, was als Nächstes passierte.

Da kam auch schon Marshall mit seinem Feuerwehrwagen angebraust. Er bremste direkt am Limonadenstand und fuhr seine Feuerwehrleiter aus. „Katzi? Hennrietta? Ihr braucht keine Angst mehr zu haben, ich werde euch retten", sagte Marshall, während er die Feuerwehrleiter hinaufkletterte.

Katzi sah den Dalmatiner in der Feuerwehruniform erschrocken an. Hennrietta dagegen schien keine Angst zu haben. Sie war so entspannt, dass sie ein Nickerchen machte.
„Komm, wach auf, Hennrietta", rief Marshall. „Euer Retter ist da. Ich bring euch sicher hinunter."

„Wuff, wuff, Rettungshund!"

Aber Hennrietta wachte einfach nicht auf. Als Marshall nach ihr griff, fing die schwebende Badewanne an zu schaukeln und zu wackeln. Das machte Katzi noch mehr Angst. In einem Anflug von Panik versuchte sie, auf die Feuerwehrleiter zu springen. Doch leider landete sie – *uuups!* – mitten in Marshalls Gesicht.

„Katzi, hör auf! Ich sehe nichts mehr!", rief Marshall und fiel vor Schreck in die Badewanne – mitsamt Katzi. *Rummms!*
Durch die unsanfte Landung löste sich die Badewanne vom Strohhalm des Limonadenstands.
Bürgermeisterin Gutherz, Katie und die anderen hielten die Luft an und beobachteten besorgt, wie es weiterging.

Oje! Die Badewanne schwebte geradewegs auf den Glockenturm des Rathauses zu.

„Katie, hast du eine Ahnung, wie man dieses verrückte Ding steuert?", rief Marshall von oben.

„Nein", antwortete Katie. „Ich wasche darin immer nur Tiere."

„Wenn ich je wieder festen Boden unter den Pfoten habe, mache ich als Erstes den Badewannenführerschein", nahm Marshall sich vor.

Jetzt musste er allerdings erst einmal verhindern, dass die Wanne gegen den Rathausturm stieß. Aber wie? Das Ding ließ sich nicht lenken! Es steuerte immer noch direkt auf den Turm zu und prallte – *dong!* – gegen die Kuppel. Der Aufprall weckte Hennrietta auf. Doch es war zu spät – sie konnte sich nirgends mehr festhalten und fiel aus der Badewanne.

„Oh nein!", rief Bürgermeisterin Gutherz entsetzt. „Mein armes Hühnchen!"
Zum Glück hatte Chase alles unter Kontrolle.
„Wuff, Netz!", rief er, und sofort schnellte das Rettungsnetz aus seinem
Rucksack. Es flog durch die Luft und spannte sich zwischen dem Rathaus
und einem Baum auf – gerade noch rechtzeitig! Denn in der nächsten
Sekunde prallte Hennrietta gegen das Netz – *doiiing!* – und landete wohl-
behalten in den Armen von Bürgermeisterin Gutherz.

„Hennrietta! Was für ein Glück, dir
ist nichts passiert!", rief die Bürgermeisterin und drückte dem Huhn
einen dicken Kuss auf die Federn.

„Der Abenteuerbuchttag ist gerettet!", verkündete
Bürgermeisterin Gutherz voller Freude.
„Und was ist mit uns?", beschwerte sich Marshall.
Die Bewohner der Abenteuerbucht schauten
wieder nach oben und sahen mit Schrecken,
dass Marshall und Katzi ebenfalls abgerutscht
waren. Der Dalmatiner hielt sich mit letzter
Kraft am Rand der Badewanne fest, und Katzi
klammerte sich verzweifelt an Marshall.
„Ryder, irgendjemand muss die beiden retten!",
rief Katie aufgeregt.
Der Chef der PAW Patrol musste nicht lange
überlegen. „Jetzt brauchen wir Skye!", sagte er.

Ryder zog sein PAW Pad aus der Tasche und drückte auf das Propeller-symbol, um Skye anzurufen.

„Hallo, Skye", sagte er. „Ich brauche dich hier beim Rathaus. Du musst Katzi und Marshall retten, bevor sie vom Rathausturm stürzen. Bitte beeil dich!"

„Mach dir keine Sorgen, Ryder", antwortete Skye. „Der Flughund ist schon unterwegs!"

„Skye ist jeden Moment hier, Marshall", rief Ryder dem Dalmatiner zu. „Hältst du noch so lange durch?"

„Was bleibt mir anderes übrig?", erwiderte Marshall, obwohl er natürlich wusste, dass er sich auf seine Fellfreundin stets verlassen konnte. Sie würde ihn und Katzi gleich retten.

„Hier kommt der Flughund!"

Da ertönte auch schon das Knattern
von Skyes Hubschrauber.
„Ich komme, Marshall", rief sie dem
Dalmatiner von Weitem zu. „Halte
durch! Ich bin gleich bei dir!"

„Hast du gehört, Katzi?", sagte Marshall. „Unsere Rettung naht. Auf die
PAW Patrol ist eben immer Verlass."
Katzi gab ein klägliches Maunzen von sich und krallte sich noch fester an
Marshalls Feuerwehranzug.
Dann tauchte Skye endlich neben Marshall auf.
„Puh, bin ich froh, dich zu sehen", sagte er und seufzte erleichtert.

„Denkst du, du kannst dich am Rettungsseil festhalten?", fragte Skye, während sie den Gurt mit
der Haltestange aus dem Hubschrauber abseilte.
„Na klar!", antwortete Marshall. „Das schaffe ich
sogar ohne Pfoten!"
Er biss sich mit den Zähnen an der Stange fest und
ließ den Rand der Badewanne los. Jetzt hing er mit
Katzi am Rettungsseil, und Skye seilte die beiden
vorsichtig ab.
Unten, auf dem Rathausvorplatz, standen Ryder,
Chase, Katie und die anderen Besucher des Umzugs.
Alle warteten gespannt, ob die Rettungsaktion
gelingen würde.

Kurz darauf landeten Marshall und Katzi wohlbehalten auf dem Rathausvorplatz.

„Volltreffer! Ihr seid genau auf meiner abgesperrten Fläche gelandet!", freute sich Chase.

„Tut das gut, endlich wieder festen Boden unter den Pfoten zu spüren", sagte Marshall.

Katzi bedankte sich mit einem freundlichen Miau bei ihren Rettern und sprang in Katies Arme.

„Katzischatz, du bist gerettet", rief Katie und drückte ihren kleinen Liebling an sich. „Ich bin ja so froh, dass ich dich wiederhabe."

„Jetzt müssen wir nur noch die Badewanne herunterholen", meinte Chase.

„Das ist ein Fall für dich, Chase!", sagte Ryder. „Kannst du ein paar Luftballons mit deiner Tennisballkanone zum Platzen bringen?"

„Kein Problem", antwortete Chase.

Wenig später landete auch die Badewanne auf dem Rathausvorplatz.

„Vielen, vielen Dank, Ryder!", rief Bürgermeisterin Gutherz glücklich.

„Und den Helfern auf vier Pfoten!", fügte Katie hinzu.

„Kein Problem", antwortete Ryder. „Das haben wir gerne gemacht. Stimmt's, Fellfreunde?"

Die Rettungshunde bellten zustimmend.

„Ihr wisst ja", sagte Ryder. „Hilfe holen ist ganz leicht – PAW Patrol, ein Anruf reicht!"

„Ich glaube, das wird dieses Jahr die schönste Parade, die die Abenteuerbucht je gesehen hat", meinte Bürgermeisterin Gutherz.

„Jaaa!", riefen die Einwohner und klatschten begeistert Beifall.

Nachdem nun alle Tiere und Festwagen wieder auf dem Boden waren, konnte die Abenteuerbuchtparade endlich beginnen. Die PAW Patrol nahm ebenfalls am großen Festumzug teil und wurde von den Zuschauern besonders bejubelt.

An der Spitze fuhr Ryder. Er hatte einen Riesenballon in Form von Skye an sein Quad gebunden. Hinter ihm folgten die Rettungshunde, und über jedem Einsatzfahrzeug schwebte ein riesiger Ballon – von Chase, Zuma, Rubble, Rocky und Marshall.

„PAW Patrol, ihr seid die Besten!", riefen die Zuschauer glücklich und zufrieden.

„Skye, nun bist du dran!", sagte Ryder in sein Headset.

„Okay, ich heb jetzt ab!", antwortete Skye und knatterte mit ihrem Hubschrauber über den Umzug.

„Seht euch das an!", rief Bürgermeisterin Gutherz und winkte Skye zu, die einen gigantischen Pfotenabdruck – das Abzeichen der PAW Patrol – an den Himmel malte.

„Gut gemacht, Skye!", jubelte Alex.

„Jaaa! Wunderschöööön!", riefen die anderen.

„Miau!", machte Katzi.

„Was sagt sie?", fragte Ryder.

„Dass dies die schönste Abenteuer- buchtparade ist, die sie in ihrem ganzem Leben gesehen hat", entgegnete Katie und grinste.

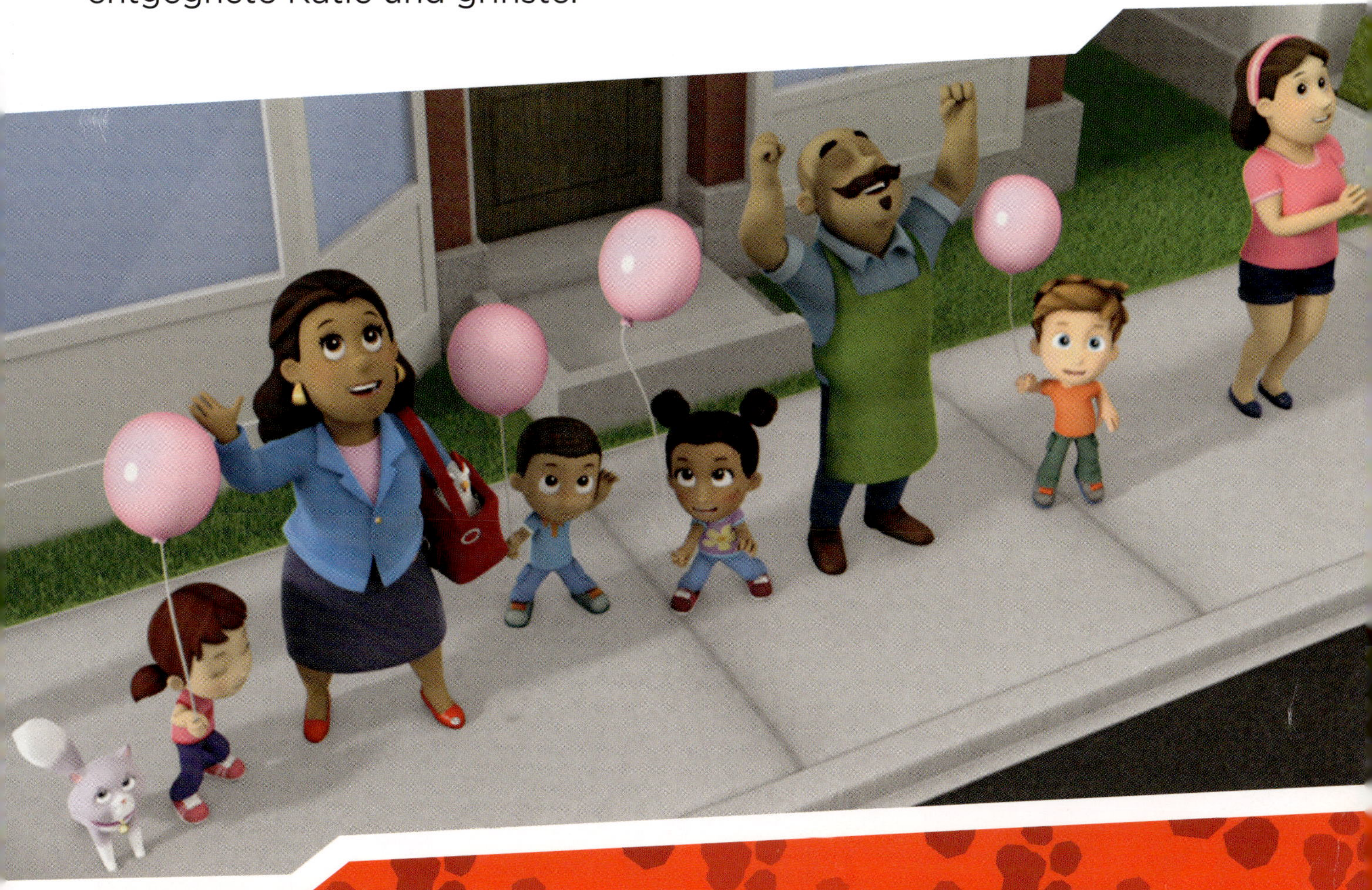

Tolle Abenteuer mit

ISBN 978-3-8332-3784-3

Meine schönsten Gutenachtgeschichten

Mit Stiften und Radiergummis!

ISBN 978-3-8332-3849-9

Mein großer Mal- und Rätselspaß

ISBN 978-3-8332-3724-9

Mit cooler Drehscheibe!

Großer Einsatz für die PAW Patrol

ISBN 978-3-8332-3822-2

Meine Lieblingsgeschichten

Jetzt überall im Buchhandel

Jeden Monat neu

Das offizielle

Immer mit coolem Extra ...

Überall im Zeitschriftenhandel